YA NO SOY EL CONEJITO QUE SE COMÍA LAS UÑAS

YA NO SOY EL CONEJITO QUE SE COMÍA LAS UÑAS

OLLIN GARCÍA PLIEGO

Valparaíso
EDICIONES

Número 487 de la Colección VALPARAÍSO DE POESÍA
dirigida por FEDERICO DÍAZ-GRANADOS

Diseño de colección y portada: Chari Nogales

Maquetación: Ciclo Creativo

Imagen de portada: Caymia

Primera edición: abril de 2025

© De los poemas: Ollin García Pliego

© Valparaíso Ediciones
C/ Fray Leopoldo, 7 bajo, 18014 Granada
www.valparaisoediciones.es

ISBN: 979-13-87538-33-0
Depósito Legal: GR 561-2025

Impreso en España - *Printed in Spain*
Gráficas Gami

YA NO SOY EL CONEJITO QUE SE COMÍA LAS UÑAS

A Concha Jaramillo López, por aquellas tardes de cocina y poesía en las que me insististe en no soltar la pluma jamás.
In memoriam.

The Eyes glaze once —and that is Death—
Impossible to feign
The Beads upon the Forehead
By homely Anguish strung.
EMILY DICKINSON

Is there no way out of the mind?
SYLVIA PLATH

Interpretamos la vida en los momentos de máxima desesperación.
ROBERTO BOLAÑO

PRÓLOGO:
UN CONEJO PARA RECORDAR

La historia comienza más o menos así: un conejo de felpa rosa se erige como protector de la infancia de un niño de cuatro años donde la belleza es, todavía, un mundo por descubrir. El terror puebla sus noches al punto que, acechado por el miedo, se come las uñas sin parar. Cleto, el conejo rosa, pasa dos años calmando su ansiedad («no tengas miedo de la oscuridad»), pero al cumplir seis años, el niño lo abandona (¿pierde?) en un hotel. Pero esta no es una historia sobre un conejo de felpa rosa que calma la ansiedad de un niño. Sería injusto decir que este es un libro que sólo trata de un conejo de felpa que calma la ansiedad de un niño. Este libro, *Ya no soy el conejito que se comía las uñas* (2025), es un tratado sobre la ternura y la pérdida. Para Ollin García Pliego, la poesía es un motor para narrar episodios de crecimiento y síntomas, un viaje por la memoria identitaria donde, sí, un conejo de felpa rosa es la antesala de toda su travesía.

Valga la redundancia —tratando de no repetir las palabras conejo y libro tantas veces—, no es casualidad que sea un juguete (¿artefacto?) el antecedente directo de la historia que se cuenta. Para García Pliego, el ritmo poético se enfatiza en su cadencia, ofreciendo saltos en el tiempo donde se demuestra que los viajes de la memoria no son lineales. Vivir es, para esta propuesta poética, tomar un riesgo que nos enfrenta con el precipicio.

Un perro llamado Donner, el reflejo de la pubertad, los amores fundacionales, los viajes por el mundo, el exceso de pastillas para calmar el dolor y la necesidad por nombrar constantemente el tiempo son parte de todo lo que conmueve durante su lectura. Así, los poemas que componen este libro hacen énfasis en el acto de recordar («ahora miro de reojo a la cámara digital/ que mamá compró en México/ antes de irnos a Pau/ para recordarnos/ para recordarnos/ para recordarnos», para luchar contra las horas que promueven el olvido, pero al mismo tiempo se erigen como guardianes de la historia personal. La repetición no es incidental: esto, sobre lo que escribe García Pliego, no puede ser olvidado. Forma parte de su sangre y la escritura es, sobre todo, una herramienta para mantenerla encendida. Esta sangre derramada, palpable en todo el libro, es una forma de homenaje a todos aquellos que tienen un lugar importante en su historia.

Los elementos de tecnología moderna tienen, a su vez, un lugar significativo a lo largo de todo el libro. Una cámara Kodak y, luego, la cámara de un iPhone 4S, son capaces de capturar momentos sobre los cuales ahora se escribe, arropado siempre por la mirada tierna de quien sabe precisamente eso: mirar. Son, también, una ventana al mundo por donde la voz poética salta para capturar esos lugares de plenitud. Lugares que, además, rescatan los gritos de un «no querer» (no querer morir; no querer dormir; no querer irse); este grito, como todo lamento, posiciona al autor desde su absoluta consciencia: olvidar es igual a morir; olvidar es dormir; olvidar es, también, irse.

Ya no soy el conejito que se comía las uñas logra una magnífica exploración de la memoria personal para situarla en el contexto de un hombre nacido en los noventa, donde la luz de un PlayStation, con sus juegos de FIFA, es el escenario propicio que asegura la felicidad. A su vez, explora el salto entre las edades inocentes y las intermitencias de una adultez acelerada, para así posicionar al «yo» poético ante la crueldad del mundo. La enfermedad, como todo giro inesperado, puebla las páginas para cuestionar al verbo sobre su noción de justicia, para voltearlas en busca de un ritmo que resalte la esperanza de sus pasos. Porque este también es un libro sobre la esperanza: caer, como todo eco de la infancia, es también un guiño hacia lo desconocido, la posibilidad de encender la luz para que todos nosotros, lectores, podamos ver.

ORIETTE D'ANGELO
IOWA CITY, 13 DE FEBRERO DE 2025

CRECIMIENTO

EL ELEGIDO

Amigo color estratósfera
con un disco de marcación numérica en la panza
orejas con interiores de felpa rosa
y ojos negros de vidrio

protector de mis noches de pánico
cuando me mordía las uñas
hasta que me sangraran
esperando que me llevara la muerte
o que fuese secuestrado por algún demonio

tú me decías
«no tengas miedo de la oscuridad»

veinticinco años después
he buscado el significado de tu nombre en Google
Cleto —«ilustre, elegido para el combate, de origen hebreo»—

quizás alguien me sugirió que te pusiera así
a sabiendas de que necesitaba fortaleza

todas las noches me susurrabas
«la muerte es una gran consejera»

fuiste mi regalo de cuatro años
una tarde de mil novecientos noventa y cinco

tenemos una fotografía Kodak
donde aparecemos sentados
en la cima de la resbaladilla
que me obsequió tía Ivonne

te abrazo con gravedad
y no me separo de ti

perdóname porque te olvidé —Cleto
en el sofá de una habitación
en un hotel de Cancún
una mañana soleada
en la Semana Santa
de mil novecientos noventa y siete.

TRUENO

Vi un perro extraviado
partir sin rumbo fijo
encima de una puerta de alacena
en la inundación del huracán Isidore
en septiembre del dos mil dos
y pensé en ti —Donner

no sé por qué nuestros padres
evitaron que nos despidiéramos

no querían
que te viese ahí
nadando en tus propios jugos
acostado encima de la toalla
de los Looney Tunes
con el Demonio de Tasmania
y Bugs Bunny jugando tenis

tus orejas de pastor alemán caídas
tus patas inmóviles
tu hocico con mocos

ellos impidieron que me despidiera de ti
hermano.

PIRINEOS

Me está saliendo bigote
me observo a diario en el espejo
y espero encontrar un pelaje tupido

aún se ve como una sombra
por encima de mis labios
en este día callado
en los Pirineos franceses

llevo sin hablarle a mi madre
más de una hora

el lente de la cámara digital Samsung
de siete megapíxeles
apunta hacia mí

es una tarde fría y no llevo suéter
y a ratos transpiro desobediencia

detrás de donde estoy de pie
se halla un lago profundo

es agosto del dos mil cinco

mi cabello castaño oscuro
como el pelaje de una tarántula
absorbe y repele los rayos del sol

ahora miro de reojo a la cámara digital
que mamá compró en México
antes de irnos a Pau
para recordarnos
para recordarnos
para recordarnos.

PIRINEOS II

Nadie sabe que paseo en piyama
con mi playera blanca
que dice Cancun Beach
y mis pants azules de tela polar
que utilicé para escalar el Iztaccíhuatl
por la arista de la luz

tengo un gallito en el cabello
no me dio tiempo de peinarme
antes de salir de nuestro departamento
en Rue Ronsard

mamá y yo nos miramos
antes de sacarnos nuestra primera selfie

estamos sentados
en el trenecito turístico
del centro de esquí sin nieve

mamá en el asiento de atrás
y yo sujetando la cámara
sonriendo por primera vez en la tarde.

CÉLULAS METAMÓRFICAS

Juego *FIFA dos mil nueve*
en mi Play Station 3

llegas del trabajo en la Shell
madre

o eso creo yo
y apago el videojuego
para que no me regañes

«cáncer de mama
fase tres»

no sé qué decirte
te abrazo sin fuerzas
no sé por qué
voy a estudiar geología
como mi padre y tú
ni para qué
voy a irme a Lawrence University

no quiero marcharme
debo quedarme contigo

¿y las quimioterapias?
¿y los tratamientos?
¿cuándo empiezan?

«en tres semanas»

¿por qué no me habías dicho?
Houston tiene los mejores hospitales de cáncer
¿verdad?

hace calor
aunque esté el aire acondicionado encendido

te observo el cabello largo
tus dos o tres canas

tu fortaleza

no te angusties
madre
prométeme que vas a derrotar al monstruo
que lo vas a hacer polvo

llevas un saco beige
y aún no sueltas tu portafolio
con la computadora de la empresa

«iré al M.D. Anderson
allí me darán los tratamientos»

pero me voy a Lawrence
en ocho días

«los planes seguirán igual
te llevaremos a la universidad»

tienes los nódulos linfáticos invadidos
y una bola del tamaño de una naranja
debajo de la axila

no me quiero quedar huérfano
no me quiero ir.

VEINTIUNO DE MARZO

Me sonríes y miras al lente
de nuestra cámara
de nuestro iphone 4S
dejas filtrar el calor estéril
de la tarde suburbana
y sujetas las cortinas de la habitación

la recámara en la que viví con mis padres
cuando no había dinero

el aire áspero de la contingencia ambiental
se adueña de nuestro cuarto
y tu mirada azul me invita
a salir al patio del segundo piso
subir a la azotea
y jugar con la perrita sin nombre

la alcoba donde jugué a ser geólogo
una tarde soleada de mil novecientos noventa y seis

me enseñas tus dientes emblanquecidos
con ACT Whitening Zero Alcohol
sujetas la puerta de la habitación
y tus uñas con barniz morado
me recuerdan tu dedo de tenista

la recámara donde mamá
trabajaba en su tesis de geología

son las cuatro trenta y seis
del equinoccio de primavera
del natalicio de Benito Juárez
del veintiuno de marzo del dos mil trece
y del día antes de tu cumpleaños
veintiuno

el cuarto donde mamá
me contaba el cuento del «Gato con botas»
«—No te quejes de tu suerte —dijo entonces el gato»

la tarde periférica en Ecatepec
me arrulla entre las sábanas
en la casa de abuelita Concha

la alcoba donde mamá escribía poesía
«ya no tengo pezuñas de conejo
han cambiado de forma
porque algo han aprendido del polvo de nuestro suelo»

llevas el cabello recogido en una coleta
al igual que cuando jugabas tenis
y nos falta un día
para volver a Houston
para volver a Chicago
para volver a Appleton
para volver a Lawrence University

tarde de primavera
con elementos metálicos
que emponzoñan los vientos
la nariz me sangra a ratos
y tú respiras mejor

los rayos del sol funden
nuestra habitación
nuestra habitación
nuestra habitación.

TARDE DE CAFÉ

A Julie Malet

Tropiezas al correr
con la alfombra gris
y empujas
a la gente de la fila
que espera ansiosa
su café
etíope de nacimiento
colombiano del eje
guatemalteco maya
americano insípido
costarricense de los dos mares
mexicano de Chiapas

le derramas en los pechos
la bebida humeante
a una mujer pelirroja
unas gotas
se deslizan sobre su MacBook Pro
huyes de mí
te atraen las luces de Java House
que dicen exit
afuera nieva
unos copos se adhieren
a tu cabello castaño
soy incapaz de pedirte que te quedes
temo que me digas que no
o que me inventes una excusa

para irte a tu departamento
a dos cuadras del Iowa River

me da pánico pensar
que te ahuyento con mi bipolaridad
no me creo capaz
de dejar que me hables en francés
todas las mañanas
y me digas palabras dulces —ininteligibles
coucou! réveille-toi!
me espanto de mí mismo
soy un ser mutilado
carezco de inteligencia emocional
debo recuperar el amor propio
debo alejarte de mí
no soy digno de tu inteligencia
no merezco ser tu alumno de francés
no quiero que algún día te vayas
y regreses a Pau

vas de
abrigo otoñal turquesa
cinturón café
bufanda azul
botas de cuero marrón
y llevas puesto tu béret rojo
el que me puse
para nuestra primera selfie
que subí a Facebook
tampoco sé a dónde voy
no me quiero ir de Iowa

no me quiero ir de ti
no te puedo hacer bien
me gustaría que recordaras
algún momento afortunado
nuestra primera noche
en el Dave's Fox Head Tavern
hablando del sur de Francia
y del vino Jurançon de la región de Pau
de cómo no nos conocimos
cuando estábamos en la secundaria
de cómo no nos topamos
en el supermercado E. Leclerc
o en el cine
o en el Boulevard des Pyrénnées
alguna tarde soleada de otoño
del dos mil cinco.

TRES AÑOS

A Yggdrasil García Fuentes

Eres el árbol de la vida
que conecta
los nueve mundos nórdicos
Yggdrasil

me muestras un hipopótamo
dos bolitas de Play-Doh
apachurradas
una azul y la otra roja

un tiburón
con la aleta dorsal doblada

una canastita
con el cesto vacío

un pollito
sin patas
sin plumas
sin pico

un delfín morado
en gestación

me dices «mano»
me mandas un beso
virtual.

DÍA DE MUERTOS

Te fuiste a México y llegó la nieve
a Bloomington Indiana

dejaste
un aceite de eucalipto y otro de romero
un libro de Elena Poniatowska que te regalé
un globo de helio desinflado con la figura de un Minion
un pasador de cabello en la mesa de la televisión
un lápiz labial rojo en mi chamarra Brooks Brothers
un letrero de Halloween en la puerta
que dice *The Witch is Inside*
un letrero de Halloween enterrado en el jardín
que dice *Keep Out*
una crema Dermasil y otra Nivea
una fotografía enmarcada de nosotros en La Marquesa
una fotografía enmarcada de nosotros en Phuket
una copia de tu pasaporte y otra de tu visa
una prueba de embarazo nueva en el baño
unos guantes de Catrina
unos estados de cuenta bancarios a tu nombre
unos cabellos en el baño las sábanas y el sillón
unas gotas de pasionaria
unas copias de la carta de inmigración que te di
unas tarjetas con los temarios de tu próxima carrera
unas tarjetas de cumpleaños con tu firma
y citas de amor copiadas del internet
unas pastillas de esteroides
para aliviar tu alergia al maquillaje

dos medallas de corazón colgadas en nuestra recámara
dos lápidas de tumba en el jardín
dos calabazas enteras en la sala
doce rosas secas en un jarro en el baño

el primer poema que te escribí
mi chamarra The North Face arremangada
mi suéter de la Universidad de Indiana
impregnado de intolerancia

empujones cuando intenté hablar contigo
lamentos nocturnos
golpes
gritos.

RELÁMPAGOS

Llueve en mi habitación
es el sonido de «Lluvia intensa y truenos suaves»
del álbum *Paisajes sonoros épicos*
de mi lista de reproducción de Spotify

llueve en mis adentros —arrítmicos

los truenos laceran

las túnicas externas

los caudales de sangre rompen

las túnicas internas

de mis vasos sanguíneos

los maremotos me dejan zumbidos en los tímpanos

ya no puedo escuchar nada

ni las palpitaciones

de las túnicas medias

de mis vasos sanguíneos

los recuerdos me conducen

por callejones de piratas

por callejones de la absenta

en Nueva Orleans —el Diablo Verde

por gotas de benzodiazepina puestas en mi ron con Coca-Cola

no me gusta visitar Bourbon Street solo

a veces no soy capaz de irme a dormir

le tengo terror a los sueños

llevo poco más de diez años

siendo secuestrado

siendo perseguido

no quiero dormir.

GOTAS DE BENZODIAZEPINA

Se acaba el año
y no logro juntar las partículas de hielo
orbitando alrededor de mi cuerpo
«las nubes parecen como chicharrón hermano»
hace trescientos sesenta y seis días
me pusieron gotas de benzodiazepina
en el ron con Coca-Cola
en la cerveza Samuel Adams
en un bar de Bourbon Street

voy a ir en cuatro días hermana
me verás en el desierto de Chihuahua
cuenta con los dedos uno dos tres cuatro

perdí el vuelo a Ciudad Juárez
no vi ni a Yggy ni a mi padre
me quedé desmayado en una banqueta
a dos cuadras del Hilton Garden Inn

me vi desde los aires sin nubes
sentado en la acera
recargado contra un muro
con mi cabeza entre las rodillas
mi suéter azul marino
mis botas cafés
y mi pelaje castaño oscuro
absorbiendo los rayos de luz de las once

entré en mí
convertido en partículas de polvo
volé hasta encontrarme con mi pecho

entonces pude respirar a bocanadas el bochorno
con olor a sal marina

mi sistema nervioso
golpeaba a mi cerebro —mis órganos

no estoy seguro de que volvería a soportar
una dosis tan somnífera en mis bebidas

ya no converso con extraños
ya no voy a bares solo
ya no viajo solo.

ZUMBIDOS

No tengo una adicción a las aplicaciones de citas
sí tengo una adicción a las aplicaciones de citas
no sé qué es una adicción a las aplicaciones de citas
solo conozco cinco o seis aplicaciones de citas
solo utilizo dos aplicaciones de citas
solo me roba once dólares una aplicación de citas
solo tengo conversaciones intelectuales en una aplicación de citas
sí sé por qué regresé a las aplicaciones de citas
no sé por qué regresé a las aplicaciones de citas
no tengo ni idea de qué significan las aplicaciones de citas.

SINTOMATOLOGÍAS

VEINTISÉIS DE MAYO

Me miré la playera blanca

impregnada de hierro y saliva
glóbulos rojos o eritrocitos

impregnada de plasma
glóbulos blancos o leucocitos

me miré el rostro
en el espejo
las ojeras
resultado de no dormir
en tres días

tres noches sin tu cuerpo
recordándome la hora de los analgésicos

tres noches sin decirme
«peluso tómate tus medicinas
no te quejes tanto
solo fueron tres muelas»

nunca te dije que el dolor
venía necesariamente
de los dientes extraídos

las punzadas se originaban
en tu graduación
en tu partida del Midwest
en evadir la plática
que nunca tuvimos

me miré de nuevo
en el espejo
la sangre en mi playera
y mis tres encías huecas

ojalá me hubiesen puesto
más sedantes
más dosis de Fentanyl y Versed
para dormir durante días enteros
y no haberte ido a dejar
a la estación de autobuses
de Madison Wisconsin.

VEINTISIETE DE MAYO

Mis ojos párpados y pestañas
están relajados

el estrés hormigueante
ha desaparecido

gracias opioides

ya no soy el conejito que se comía las uñas

las cicatrices me recuerdan
la instantaneidad de las incisiones
la fragilidad de la carne.

SEDANTES

Perú estuvimos allí
tú en octubre y yo en julio
del dos mil dieciséis
Cuzco Trujillo
Machu Picchu
Valle Sagrado

«cariño
¿te gustaría que te pusiera
una cobija calientita?»

sí por favor

«electrodos al pecho
te voy a conectar
el intravenoso
ya te está haciendo efecto»

¿qué tipo de sedantes me pondrá?

«opioides fentanyl
de ciento cincuenta
y versed
de siete miligramos
no te acordarás de mucho»

ya me está pegando
qué rápido
lo sentí de inmediato
no he intentado quitarme la vida

fueron las últimas palabras
que pronuncié antes del
opio.

ESCISIÓN

Dolor de cabeza
patrón crónico no especificado
colmillos de chacal rabioso
que perforan mi hueso craneal
matan mis membranas neuronas y tejidos

«tiene usted el cluster headache joven»

¿qué cosa?

se escinde una fracción de mi cabeza
dolor de ojo
llanto seco de un lado

terminaciones nerviosas que supuran
punzadas de hormigas metálicas.

CICLOS

Las ondas eléctricas adormecen
el sonido de la mente

la oscuridad del cerebro
juega con el silencio
de las pinchadas

la rojez del ojo derecho
sus diminutas venas
se precipitan al compás de las costras

las hormigas
devoran los senos paranasales

la sutura de ocho grapas
removida días después

las patitas de las hormigas
se esparcen por la nuca

los alfileres del cráneo superior
se incrustan en el hematoma.

DIAGNÓSTICO

Dolor crónico que comienza
alrededor del ojo
o la sien
no es nada no es nada
la neurología no te sabe
no hay CT Scan o MRI
mayo queridísimo
las manecillas se me incrustan
los pinchazos me traspasan
el cuero cabelludo
sobre mi rasgadura
de ocho grapas de longitud
perforación naciente
encima de mordedura antigua
ibuprofeno Advil oxígeno
diario de dolores de cabeza.

CAÍDA

Las mordidas de ocho grapas
cosen la carne —los tejidos mutilados
por el impacto contra el pavimento

del cuatro de enero del dos mil diez

un hematoma de un milímetro
me danza en el cerebro

la fractura de cráneo —astillas

siete noches en la Unidad de Cuidados Intensivos
del hospital Memorial Hermann

mi cabeza falla
mi ojo derecho se enrojece
mi cuello me pide opioides intravenosos
mis músculos de la espalda sufren un infarto
mi sistema nervioso me pide sanación o sueño.

EFECTOS

Cómo hacer
que me dejen de sudar las manos

cómo hacer
que los lagrimales se me sequen

cómo eliminar
partes de mi memoria

cómo recordarlo todo.

CORTICOSTEROIDES

Inhalo humo
la combustión de mis Parliament

el monóxido de carbono
raspa mi nariz
carcome mi garganta
se adhiere a mis órganos

el alquitrán
se aloja en mis bronquios
en mi laringe delgada
en mis pulmones cansados

hace diez años
fue la última vez
que usé un inhalador
para el asma

tratamiento respiratorio
me tiemblan los dedos

inspiro abandonos

no tengo el valor
de pedir ayuda

no necesito a mi familia
ni a mis amigos
yo solo puedo

no pensar

cierro los ojos
e imagino que no existo
o que estoy
en una playa de Hawái
en Kaanapali
tomando clases de surf
con mi instructor el Batman
y cayendo al agua
como estrella de mar
con los brazos extendidos
para no golpearme
contra los arrecifes de coral

pienso que estoy en un glaciar
del Everest
con mi padre
practicando caídas de emergencia
deslizándome a cuarenta o cincuenta
kilómetros por hora
tratando de detenerme
con el piolet y los crampones

abro los ojos
solo veo el humo
suspendido en la sala
y siento
la debilidad de mis bronquios
el daño pulmonar

estoy lejos de las olas de cinco metros
estoy a años de llegar a los glaciares.

OXAZOLIDINONA

Las mordidas de los escarabajos en la pelvis
me dañan los órganos
los pinchazos de alfileres hirviendo en mi vientre
son combatidos por Linezolid de seiscientos miligramos

el frasco naranja de la farmacia CVS
aún registra mi vieja dirección

doscientos veintiocho Hawkeye Court
apartamento ciento cuatro
Iowa City Iowa

las instrucciones advierten que se deben evitar
las comidas
los líquidos
y los suplementos alimenticios
ricos en tiramina

no sé qué es la tiramina
debo investigar en Google o Wikipedia

quesos aguacate
embutidos vino tinto
coco café
higos caviar
cacahuates hígado de pollo
plátanos espinacas

ejotes yogurt
arenques carne de bovino
nueces chocolate

no vale la pena seguir leyendo la lista entera

no puedo ni comer ni beber nada

en caso de mezclar el Linezolid
con algún alimento o bebida rica en tiramina
podría tener un paro cardiaco
o sufrir un infarto cerebral.

A FLOTE

No soy capaz de mantenerme sumergido
a diez o doce metros
enfrente de las costas de Bridgetown
me ahogo con el peso del tanque de oxígeno
mientras veo una tortuga elevarse hacia la superficie
no consigo suspenderme debajo del mar
con los ojos irritados y ojerosos
por las noches insomnes
mirada que no encuentra sosiego
con gotas homeopáticas Hypericum —hierba de San Juan
son mi intento de salvación
del Dormicum de siete punto cinco miligramos
del Rioja Campo Viejo
antes de dormir
no logro ni respirar ni ahogarme
enfrente del buque hundido
en la Segunda Guerra Mundial
las aguas del Caribe se mueven muy a prisa
con lentitud —no se agitan
me descompenso
me elevo hacia la superficie mientras el instructor
sale pataleando detrás de mí
porque quiere evitar
que yo parta de un derrame cerebral
un par de hematomas
un infarto pulmonar
me sujeta de una aleta y recupero el control
aunque no puedo ver nada

tengo agua salina picándome los ojos
he olvidado la técnica para sacarla de mis goggles
ahora soy incapaz de mantenerme a flote
debajo del mar enfrente de las costas de Barbados
comienzo a toser burbujas
y los plomos
no me hunden.

OLEAJE

Escapo de la poesía
porque no les quiero hacer frente
a los hondos mares de marea roja
que azotan con algas
las costas de mi cuerpo

escribo en un último intento de aferrarme lúcido a la vida.

DESERCIÓN

Hace dos días escribí
para huir de los síntomas que me cuecen los órganos
para no encontrar la niebla en caídas libres

no para protegerme.

SALA DE ESPERA

Las pruebas de covid diecinueve me generan hambre
el ácido gástrico me camina por las piernas
mis dedos de los pies flotan en la sala de espera
no anuncian mi nombre
la voz de la enfermera con traje de astronauta
aún no me llama
no sé por qué son
las tres y cuarenta y seis de la tarde
y aún no he comido ni bebido nada
sí sé por qué
porque no debo catar las carencias
ni con los labios ni con la lengua
ni lavarme los dientes ni besar a nadie
para que los novecientos noventa y nueve pesos
de la prueba de antígenos —la más rápida del mercado
sea certera tan solo en un noventa y tres punto tres por ciento
no sé por qué me la hago si el número
noventa y tres punto tres no es
un noventa y nueve o un cien
y de todas formas deberé hacerme la prueba PCR
en caso de que salga negativa
lloraré por un solo ojo
de lo contrario tendré que correr cinco kilómetros
a encerrarme en mi departamento
y despedirme de la luz del sol
que evita deslizarse por las cortinas
y las ventanas de mi hogar
en un primer piso —sótano

donde podría permanecer siete o diez
o catorce días encerrado
más soles a la lista de auto arresto domiciliario
biológico lo hago por no abrirle las puertas
al monstruo que venía por mí
todas las noches de los años noventa
anunciándome que mutaría en un virus responsable
de millones de infartos pulmonares
en el dos mil veinte
no les transmitiré las metamorfosis
del monstruo a mis seres queridos.

CENA DE AÑO NUEVO

No sé cuánto tiempo más pase
antes de que vuelva a escribir un poema

apenas soy capaz de tomar
la pluma fuente de tinta azul
que me pide que escriba
cómo sobreviví

a los ciclones gastrointestinales
al síndrome del colon irritable
al cuadro de salmonelosis
la mañana del primero de enero
del dos mil veintiuno

mi peristalsis es un terremoto oscilatorio

la memoria me transporta
al Centro de Coyoacán
en diciembre del dos mil
cenando en un restaurante
enfrente de la iglesia colonial
con mis padres
después de comer chiles en nogada
y rajas poblanas

tres días sin dormir
abrazando el bote de basura
y a mi perrito de peluche —José Pericles

bebiendo té de estafiate
tomando Paracetamol
sudando los treinta y nueve grados

mi padre poniéndome trapos húmedos en la frente

las flechas ponzoñosas se clavan en mis entrañas

aún bebo agua de arroz
y como gelatinas de guayaba sin azúcar

el gastroenterólogo me ha recetado

una cápsula de Pancreoflat
antes de las tres comidas

una cápsula de Ciproflox de un gramo
con el desayuno

una cápsula de Plidán Compuesto
con los alimentos

una cápsula de Festomar
en ayuno y antes de dormir

una cápsula de Dexivant de sesenta gramos
en ayuno

dos ampolletas de Enterogermina de 4 billones UFC
al despertar

perdí la cuenta
de los días que estuve
en el Hospital Ángeles México

fui incapaz de escribir siquiera una palabra

cada noche
pensé en la ausencia de mis padres.

CROWN CONDESA

Es viernes por la noche
y no puedo controlar
ni lo que bebo
ni lo que fumo

no soy capaz de detenerme

me pongo el cubrebocas
después de cada copa
después de cada cigarro

es junio del dos mil veintiuno
y aún no tengo ninguna de las vacunas
contra el covid diecinueve

estoy en un bar gay de la Condesa —el Crown Condesa Club
con mi primo Edgar y su novio Bruno

regalo cigarros
a los cientos de personas sin cubrebocas
que bailan a nuestro alrededor
nuestros sudores se mezclan
y compro más cajetillas
de Marlboro o Camel o Lucky Strikes

acepto la protección del Jarocho —quien se ofrece a cuidarnos
pero el Jarocho no puede detener
al virus del SARS-CoV-2

el Jarocho lleva la nariz descubierta
y de vez en cuando se baja el cubrebocas
para fumarse un cigarro mentolado

sigo bebiendo hasta perder el olfato
sigo fumando hasta perder el gusto

terminamos en otro bar gay cerca del centro —Teatro Garibaldi
a la una de la mañana
y bebemos un cubetazo
de cerveza Victoria

bailo con dos hombres
y dos chicas me miran con odio —a la distancia
porque en medio del gentío
les pegué con el hombro
sin querer

me muestran el dedo de en medio

sigo bailando solo en la pista

ya no me importa la escritura
ya no me importa la familia
ya no me importan los amigos

no veo ninguna luz
al final de ningún túnel

voy solo en un Uber
no sé la hora —aún no amanece
la madrugada áspera de la Ciudad de México
me traga
y yo no hago ningún esfuerzo
por rescatarme.

ASFIXIA

Me voy a morir sin ganas de morirme.

MARTA SANZ

Me iba a morir
en el departamento que alquilé
en San Pedro de los Pinos
teniendo pesadillas todas las noches
durante tres semanas
el conejito con uñas sangrantes
que reprobó cinco materias
en segundo semestre de preparatoria
entonces sus padres lo mandaron a Erongarícuaro
a trabajar en una granja biodinámica y antroposófica
con vista al lago de Pátzcuaro
en proceso de desecación
y a la isla de Janitzio —en Michoacán
donde lo perseguían las serpientes de cascabel
y sus colmillos le atravesaban la bota
su pata hinchada y ennegrecida —la pérdida del conocimiento
hasta que despertó en una ambulancia que lo conducía
al hospital de Pátzcuaro
donde le pusieron el intravenoso con el antídoto
pero el conejito ya no respiraba —sus pulmones negros
y sus ojos rojos
todas las mañanas amanecía con
las nebulizaciones para asmáticos
los antibióticos
los antivirales
los analgésicos

las vitaminas
que no me hacían ningún efecto
a diferencia de la Ivermectina
y el jarabe para la tos
que me provocaban vómito
y las inyecciones nocturnas
de Dexametasona
que no me abrían los bronquios
y la inyección de Ceftriaxona
que no eliminaba las bacterias
del neumococo
me iba a morir aislado
bocarriba o bocabajo o de lado en la cama
sudando en las noches de verano
sin que mis vías respiratorias
pudiesen transportar el suficiente oxígeno
para el intercambio de gases
en los alvéolos de mis pulmones disminuidos
utilizando el poco oxígeno en mi sangre
para hablar con mi madre
pegando la oreja a la puerta de mi recámara
en medio de tosidos y sacudidas corporales —nerviosas
y pidiéndole que tocara
«Learning to Fly» y «High Hopes»
en caso de que no pudiera respirar más
y me tuviesen que incinerar y regar mis restos
por el Iztaccíhuatl y los Pirineos
y plantar un bonsái en algún jardín
con parte de mis cenizas como abono espiritual para el arbolito
me iba a morir arrepintiéndome
de no haberles pedido disculpas

a todas las personas que lastimé
lo siento Julie
hace dos semanas
me dijiste por Zoom
que habías vencido al covid diecinueve
y durante nuestra primera conversación
en más de cuatro años
no te pregunté qué tan fuerte te golpeó el virus
ni cómo iba tu recuperación
me iba a morir imaginando
cómo hubiese sido mi vida a los treinta
si fuera un hombre con salud
creí que mis pulmones estallarían en cualquier instante
un infarto broncopulmonar
me pregunté
si merecía vivir
si iba a vivir
para contárselo a alguien
no sé por qué he vencido al covid diecinueve
y a la tos ferina
y a la neumonía
he perdido doce kilos
y cientos de cabellos
ahora tengo ojeras que no se quitan
ni con maquillaje
y un ronroneo con tos
que me impide
mantener una conversación fluida
por más de un minuto
y un insomnio que me transporta
a las inyecciones de antibióticos

contra la bronquitis
que me puso mi padre
en el Albergue No. 19
en las rodillas del Iztaccíhuatl
a cuatro mil setecientos ochenta metros
en la Navidad del dos mil trece
durante una tormenta de nieve nocturna
necesitaba tanque de oxígeno
y estuve a un día de fiebre y tos
de irme al Médica Sur en Tlalpan
a la sección de covid diecinueve
mis médicos me indican
que si me hubiera ido al hospital
probablemente me habría contagiado
de cualquier otro virus o bacteria
además del SARS-CoV-2 del que ya era portador
lo que con la neumonía
me hubiera dado menos probabilidades de sobrevivir
me hubiese muerto solo
en un cuarto frío infecto de hospital.

ASCENSO

A Hugo César García Jaramillo, In memoriam

Llevabas puesto tu sombrero pachuco de ala corta
esa tarde de marzo del dos mil veintiuno
cuando entraste a la casa
con una bolsa de mandado
mientras yo acompañaba
a mi tía Xóchitl
a lavar los trastes
y no salí a saludarte
te seguiste de largo hacia las escaleras
y no volteaste a ver a la cocina
quizás creí que sería raro
conversar contigo después de cinco años
de silencio
ahora llevas puesto el mismo sombrero pachuco de ala corta
y tienes la barba crecida
cuento dos o tres canas
y miro tu pequeña cicatriz de la frente —alguna caída de niño
mi primo Idzat me recuerda
nuestra última conversación —sobre vinos
aquella tarde de marzo del dos mil diecisiete
en la boda de mi prima Lupita

«los vinos de Baja California
del Valle de Guadalupe
son tan buenos o incluso mejores
que los europeos»

no has probado
el vino blanco Jurançon
del sur de Francia

«la región de clima mediterráneo de México
se presta para hacer arte
con las uvas
con la vid»

deberías de probar el Tannat uruguayo
no he encontrado nada parecido

«el vino mexicano no le pide nada
a esos europeos o sudamericanos»

al día siguiente
continuamos discutiendo
las variedades nobles de uvas tintas
en el desayuno de la tornaboda
en realidad solo quería llevarte la contraria
me encantan los vinos
de todas partes
de todos los continentes
ahora me viene a la memoria
el ascenso que hicimos al Iztaccíhuatl —por la ruta de los pies
con mi papá y José Ávalos
en el Año Nuevo del dos mil siete
fue la primera vez que volviste a la montaña
después de tu caída
de doscientos o trescientos metros
en el desfiladero de rocas

cerca de la cabeza del Iztaccíhuatl
aquel otoño o invierno del dos mil cuatro
cuando los cirujanos
te reconstruyeron el brazo
y te injertaron una placa de metal en el codo
y te hicieron una colostomía
años después
mientras escalábamos el Iztaccíhuatl
en el Año Nuevo del dos mil siete
me pediste varias veces
que nos detuviéramos
antes de llegar al Albergue No. 19

tío no te vas a caer
tu abdomen está
en excelentes condiciones
has vuelto a tener
el brazo de karateka
tus pulmones te responden al cien
no tienes mal de montaña
ni el sueño de la muerte

alcanzamos los cinco mil cien metros —poca nieve
y respiraste tranquilo
el aire helado de la Mujer Dormida
ahora llevas puesto tu mejor saco
y trato de recordar tu mirada
de debates sobre ciencia o política
o tus miradas de preocupación
como aquella del verano
de mil novecientos noventa y nueve

cuando nos llevaste
a mi prima Lupita y a mí
a dar un paseo en bicicleta por la colonia
mientras estaba el primer tiempo
de la final de la Copa Confederaciones
entre México y Brasil
cuando México ganó cuatro a tres
y Lupita —en piyama de animalitos
metió el pie sin querer
a la cadena de la bicicleta
y se oyeron gritos por toda la calle
entonces fue que vi
tus ojos tristes
tus ojos preocupados
tu vena de la sien saltada
le revisaste el tobillo
de bola de béisbol
a Lupita —por suerte no había sangre
me pediste que la cargara de lado sobre mi pierna
en el asiento trasero
y que me asegurase de que alzaba
su pie morado
me llevé su tenis en la mano
aún no puedo creer
que nunca hayamos vuelto a hablar
de aquel accidente con Lupita
ni de aquel ascenso al Iztaccíhuatl
y menos puedo admitir
que no nos hayamos saludado
hace cuatro meses
cuando entraste a la casa

con tu sombrero pachuco de ala corta
y tu cabello largo recogido en una coleta
como el del bajista o guitarrista
de Caballo Dorado
en los noventa
ahora mismo Lupita
me ha escrito un WhatsApp
diciéndome que por favor agregue a Idzat
al grupo de chat familiar —no tenía su número
y cuánto siento
que no te pueda añadir
no tengo tu celular
desde hace cinco años
y no te puedo escribir por Facebook
porque no somos amigos
ni por correo electrónico
porque no tengo tu dirección
ahora duermes
y ya no presentas sintomatologías
y tus pulmones
y tu sistema nervioso
y tu mente
ya no sufren
me afecta saber que te dolían los pulmones
como si estuvieses respirando trozos de metal
durante la última semana
que por poco vences al covid diecinueve
aunque luchaste veinte días
y eso es una victoria
y venciste al dolor
y eso es otro triunfo

en este instante
me imagino cómo pudo ser
tu última mirada
me imagino cómo pudieron ser
tus últimas gesticulaciones
tal vez te hubiese tomado del hombro o de la mano
y hubiéramos hecho las paces
pero no había que hacer las paces
porque yo soy tu sobrino mayor
y lo único que quiero
es compartir momentos contigo
para que me sigas enseñando
técnicas de defensa personal
técnicas de escalada en hielo y roca
cómo invitar a salir a una chica
cómo ser un mejor buzo
cómo ser un periodista de primera línea
cómo manejar una Harley-Davidson
estrategias para publicar mis escritos
tus inventos en el laboratorio
tus proyectos de biología marina
me entristece que no nos llegara
el momento de compartir poesía
el momento de intercambiar libros
el momento de debatir sobre literatura
aunque tengo la certeza
de que esas veladas quedan pendientes
científico poeta loco y motociclista chopper
Cero Maldad Road King
cierra los ojos
relaja el cuerpo

es la hora de aprender a volar
hasta la cuarta dimensión o más allá
y sé que me guardaste un lugar de descanso
en la cima del Iztaccíhuatl
en el glaciar del pecho
entre las rocas gigantes y el hielo
te prometo que mi próximo ascenso será
contigo.

CORAZÓN FESTIVO

Las arritmias me indican
que tengo el síndrome del corazón festivo
he registrado ciento veinte latidos por minuto
tras haberme bebido una botella
de vino verde portugués
de Casa García
dos Quilmes
dos Heineken
y después de haberme fumado
una cajetilla de Lucky Strikes Electric Blue

ahora mi madre me manda un WhatsApp y me despisto
no puedo seguir escribiendo
pero mi corazón está de fiesta
me manda un GIF de Scrat suspirando
la ardilla extinta de *La era de hielo*
mientras cierra sus ojos de canica
y dice «¡Ay, mi vida!»

«¡Me acordé de ti
cuando eras chiquito!»

Dime mi vida
si no no te contesto

luego no sé qué sucedió
comenzaron los gritos
los días en silencio
los golpes que recibí con los puños cerrados

«no vas a llegar a ningún lado
si sigues de flojo»

aquellos días del verano del dos mil trece
en los que sumé un récord de ocho semanas
tirado en el sofá de la sala
viendo *How I Met Your Mother* en DVD
viendo *Greek* en DVD
comiendo helado Häagen-Dazs de brownie macchiato
insomne por días —semanas consecutivas
fumando Camel en el baño a las tres de la mañana
bebiendo cerveza Pabst Blue Ribbon
en la tina de la regadera

sin saber hacia dónde ni por qué

entonces tomaba y posiblemente ya tenía
el síndrome del corazón festivo
pero aún no comprobaba mis pulsaciones por minuto
aunque entonces no había mezclado los antibióticos
ni con el vino
ni con las Quilmes
ni con las Heineken
ni con las Pabst Blue Ribbon
ni con los Lucky Strikes Electric Blue
ni con los Camel

el Hiprex —la Metenamina de un gramo
en combinación con el coctel de sustancias
me han generado las ciento veinte pulsaciones por minuto
mi urólogo me dice por el WhatsApp que la Metenamina

no interactúa con el alcohol
pero mi doctora homeópata
me ha dicho por mensaje que algunos cuerpos
son más sensibles que otros
que cuente veinticuatro horas
y si sigo con el corazón festivo
vaya al cardiólogo

es un problema del sistema eléctrico del corazón
una fibrilación auricular

entre los pacientes menores de sesenta y cinco años
nos afecta al sesenta y tres por ciento

otro síndrome más

tal vez también haya hecho interacción
con el Hypericum
o con algún antidepresivo
no estoy seguro.

AGRADECIMIENTOS

Quiero dar las gracias a Valparaíso Ediciones por sus libros, porque promueven y fomentan la poesía y lectura de autores hispanoamericanos, al igual que las traducciones al español de autores de la literatura universal, dándoles un espacio relevante tanto a autores emergentes como a poetas con una larga trayectoria a quienes admiro muchísimo. Me gustaría expresar mi agradecimiento a Nieves García Prados, Coordinadora de Publicaciones de Valparaíso Ediciones, por el trabajo de coordinación y edición, y al poeta andaluz Fernando Valverde, por la llamada de bienvenida, por las lecturas y la confianza, por abrirme las puertas de esta casa editorial. Gracias a todos y a todas por hacer posible que *Ya no soy el conejito que se comía las uñas* forme parte de su exquisito catálogo. Es un verdadero honor. Asimismo, agradezco al poeta, periodista y gestor cultural Federico Díaz-Granados, por la oportunidad de formar parte de la Colección Valparaíso de Poesía bajo su dirección. También doy gracias a Chari Nogales, por el diseño de portada y a Ciclo Creativo, por el trabajo de maquetación.

La ayuda de muchas personas fue fundamental en la escritura de este libro, cuya idea nació en el otoño de 2016 mientras hacía la Maestría en Escritura Creativa en Español en la Universidad de Iowa, en Iowa City. Varios de los poemas de esta colección fueron trabajados en el taller del poeta Luis Muñoz en las sesiones de otoño de 2016 y otoño de 2017. Gracias a Luis Muñoz por las lecturas y sugerencias en los inicios de mi proceso creativo. A todas y a todos mis colegas, amigas y amigos de Iowa, un quintillón de gracias. Particularmente, quiero agradecer a la poeta, editora, escritora, artista visual y académica Oriette D'Angelo, por las palabras de apertura, por el minucioso y excelente trabajo de edición de este libro, por los talleres de poesía sobre duelo, infancia, cuerpo y memoria, y por la amistad. La reestructuración de este proyecto surgió durante las sesiones poéticas de Zoom durante 2020 y 2021 en los talleres de D'Angelo, en tiempos pandémicos. Gracias también a la poeta, escritora, traductora y politóloga Helena Mariño, por las lecturas en High Grounds, Joe's Place y Phillips Hall, por las charlas desde un inicio en bares, cafés y aulas universitarias; por las salidas en busca de libros, cerveza y música en Iowa City, Houston y Madrid. A la poeta, escritora, dramaturga y académica Ana Merino, por la lectura de algunos de los poemas que aparecen en *Ya no soy el conejito*, por los consejos y ejercicios de escritura, y por recibirme con un café en Prairie Lights, en Iowa City, en marzo de 2016. Al escritor Horacio Castellanos Moya, porque en sus talleres de ficción aprendí la disciplina de hacer trabajo de carpintería. A la Dra. Ana M. Rodríguez-Rodríguez, por la lectura del *Quijote*. Al Dr. Luis Martín-Estudillo, por la literatura no castellana en castellano. Al escritor y poeta Manuel Vilas, por las recomendaciones de cine y los consejos literarios.

Gracias a las y los escritores y poetas con quienes compartí momentos en Iowa. A mi parcero Óscar Pachón, por la edición imparcial, las polas, las veladas literarias, las salidas al Quinton's Bar & Deli y los viajes en Houston y París. A Carlo Acevedo, por la edición del libro que dio origen a *Ya no soy el conejito*, por aquella salida al Dave's Fox Head Tavern. A Lola Copacabana, por los stickers, las ideas de disfraces y las cartas mágicas. A Elisa Ferrer, por las palabras de aliento y por aquella noche madrileña con Matías y Helena Mariño. A Natalia Hernández Somarriba, por todo lo aprendido sobre Nicaragua y el mundo. A Xavier Villanova, por la dramaturgia, el tarot, las lecturas y las celebraciones en el IWP y las presentaciones, por los reencuentros en la Ciudad de México. Gracias también a Sam Jambrović, Iván Parra, Mariana Mazer, Inma Aljaro, Paul Schneeberger, Cynthia Smart, Violeta Gil, Patricia Gonzalo de Jesús, Andrea Chapela, Pablo Ottonello, Angela Pico y José Covo.

Gracias a los amigos del taller de poesía «Infancia y Memoria 2020-2021» impartido por Oriette D'Angelo. En especial a los y las poetas Paúl Peláez, Niyireé Baptista, Carolina Herrera, Fermina Ponce, Aitana M. Francés, Blanca Berjano, Laura Sanz Corada, Hector Aníbal y Yarisa Colón Torres. Un sextillón de gracias por las lecturas y por la camaradería virtual en tiempos de aislamiento.

Gracias a érase una vez Bloomington, Indiana y al Triángulo del Midwest. En especial a la poeta Claudia González Caparrós, por la astrología, el tarot, la poesía, la hospitalidad y aquella salida en A Coruña. A José Luis Suárez Morales, Álvaro L. Pajares, Gaby Araujo y Laura Merino, por darme la bienvenida y por estar pendientes de qué sucedía con mi creación literaria. A Marian Nozaleda, por las cenas españolas y por su interés en mi escritura. A Luis Enrique Becerra, por los consejos de difusión. Gracias a Andrea Carrillo, por la amistad en IU, Bloomington y más allá, por todo lo aprendido sobre conferencias académicas, por las charlas teóricas y no teóricas, por las salidas en Bogotá. Gracias también a la Dra. Astrid Lorena Ochoa Campo, por enviarme el enlace para mandar mi colección de poesía a esta casa editorial, por animarme a difundir mi trabajo. A la Dra. Andrea Gaytán Cuesta, por la amistad y los consejos literarios y académicos, por aquel paseo por el centro de Bogotá. Al Dr. Gabriel Antúnez de Mayolo Kou, por el humor, por la contracultura, por las palabras de ánimo.

Gracias a los integrantes del taller de la poeta mexicana Maricela Guerrero y a Ediciones Antílope y Espacio Antílope. A Maricela Guerrero, toda mi gratitud por las hojas radioactivas y los ejercicios de escritura. A mi amiga Teresa Villegas, por aquella salida al Museo Franz Mayer y a Santa María la Ribera, por las sugerencias de lectura. A las poetas Michelle Pérez-Lobo y Daniela Dávila, por el intercambio de ideas y lecturas.

Asimismo, todo mi reconocimiento al Departamento de Español y Estudios Latinoamericanos y Latinx de Lawrence University, por recibirme con los brazos abiertos en el otoño de 2013. Entrar de lleno al universo de la cultura y literatura fue el catalizador de mi escritura como forma de vida. Quiero agradecer especialmente a la Dra. Patricia Vilches, por leerme desde el comienzo, por darme la bienvenida en su casa de Viña del Mar para tomar la once, por recordarme que escribir valía la pena. A mi asesora, la Dra. Rosa Tapia, por todo lo aprendido sobre literatura española y teoría de género y cine, por las lecturas de García Lorca. Al Dr. Gustavo Fares, por leer mis cuentos, por las lecturas de Borges, Cortázar, Rulfo y Foucault. A la Dra. Madera Allan, por la cátedra del Siglo de Oro, por las lecturas de Lope de Vega. Al Dr. Gabriel Eljaiek-Rodríguez, por ser mi interlocutor a la hora de leer el «canon» hispanoamericano, por el gótico latinoamericano. A mi asesor, el Dr. Jake Frederick, del Departamento de Historia, por las lecturas y los debates sobre Latinoamérica y México, por la guía a la hora de escribir ensayos, por apoyar mi elección literaria en momentos decisivos. Gracias también a mis amigos y amigas de Lawrence University, por escuchar y leer algunos de mis poemas. Ustedes saben quiénes son. Un abrazo.

Gracias a mis padres, por animarme a escribir, por el apoyo en mi creación literaria, por los viajes en México y el extranjero. A mi hermanita Yggdrasil, fuente inagotable de alegría e inspiración. A mi abuelita Chuy Vidal, por hacer el viaje hasta Iowa City en mayo de 2018. A toda mi familia, un abrazo.

Y gracias a ti, Julie *chérie*, porque viste nacer este libro en 2016, durante nuestros inicios iowanos, por ir a Subtitulados, por nuestras lecturas, por nuestro club de poesía. Por las noches mágicas con Jack *le petit chat*.

ÍNDICE